SOUVENIRS

DU

PETIT SÉMINAIRE D'ORNANS

PENDANT L'ANNÉE SCOLAIRE 1870-71.

BESANÇON,

IMPRIMERIE ET LITHOGRAPHIE DE J. JACQUIN,

Grande-Rue, 14, à la Vieille-Intendance.

—

1871.

SOUVENIRS DU PETIT SÉMINAIRE D'ORNANS

PENDANT L'ANNÉE SCOLAIRE 1870-71.

AUX ÉLÈVES DU PETIT SÉMINAIRE D'ORNANS.

MES CHERS AMIS,

C'est à vous que je dédie ces tristes souvenirs. Ils feront époque dans votre vie d'écoliers, et vous aimerez à vous rappeler les maux que vous avez vus, pour bénir la Providence d'avoir veillé sur vous pendant la tempête. Jusqu'ici, vous ne connaissiez la guerre que par les récits de vos livres classiques. Cette année, les misères, les combats même dont vous avez été témoins ou acteurs, vous ont donné, je l'espère, l'expérience de l'âge mûr, et vous ont appris que la guerre, de quelque nom qu'on la décore, est toujours un grand fléau et souvent un grand crime.

Appliquez-vous donc désormais, avec plus d'ardeur encore, aux travaux de la paix, à l'étude bienfaisante des sciences et des lettres, à la connaissance de vos devoirs d'hommes et de chrétiens. Ni les individus ni la société ne gagnent jamais rien à ces luttes sanglantes suscitées par la folie ou l'ambition. Les guerres et les révolutions ne font qu'appauvrir les nations, démoraliser les peuples et arrêter tous les progrès utiles. Soyons les disciples et les apôtres de la paix, et pratiquons-la d'abord en nous aimant sincèrement les uns les autres, selon le précepte du divin Maître.

J.-M. SUCHET.

Ornans, le 1er septembre 1871.

A SON ÉM. MGR LE CARDINAL MATHIEU,

ARCHEVÊQUE DE BESANÇON.

I.

NOTRE ANNÉE SCOLAIRE (1).

> « Quand l'Océan s'irrite agité par l'orage,
> Il est doux, sans péril, d'observer du rivage
> Les efforts douloureux des tremblants matelots
> Luttant contre la mort sur le gouffre des flots ;
> Et quoique à la pitié leur destin nous invite,
> On jouit en secret des malheurs qu'on évite ;
> Il est doux, Mennius, à l'abri des combats,
> De contempler le choc des terribles soldats. »
> (LUCRÈCE, trad. de Pongerville.)

MONSEIGNEUR,

La pensée exprimée dans ces vers, par un poëte égoïste de l'antiquité, était aussi un peu la nôtre il y a un an. Eloignés du théâtre des combats, dont on sentait l'approche, espérant ne les connaître que par la voix de la renommée, nous nous croyions heureux et tranquilles dans ce séminaire, asile paisible des études.

Toutefois, nous suivions avec intérêt la marche de notre armée s'avançant vers l'ennemi. Incapables de seconder l'élan de nos soldats, nous voulions au moins leur offrir l'obole de l'écolier, et, à la fin de juillet, nous avons donné ici même, au profit des blessés, une séance dramatique qui nous a rapporté près de deux cents francs.

Bientôt le canon gronda sur les bords du Rhin, et ce bruit lointain nous arriva d'abord comme un écho de victoire et de

---

(1) Cette pièce a été lue par M. Landriot, élève de rhétorique, à la distribution des prix du 19 août 1871.

triomphe. Mais, hélas! notre illusion ne dura pas longtemps, et, quoique étrangers à toutes les combinaisons de la politique, nous ne devions pas ignorer que la France avait été gravement blessée à Wissembourg, à Reischoffen, à Forbach, et que l'ennemi menaçait de pénétrer au cœur de notre pays.

Nos jeunes âmes furent émues du deuil de la patrie, et tous les soirs, au pied de la statue de Notre-Dame, nous invoquions avec plus d'ardeur la patronne de la France. Nos maîtres se troublaient; nos parents s'inquiétaient; nos études allaient à la dérive; car les muses, comme les lois, se taisent au bruit des armes. Il fallut songer à quitter le séminaire sans assister à la distribution des prix, que nous ne pouvions plus attendre, et que Votre Eminence ne pouvait plus présider.

Du moins ce sacrifice nous laissa quelque consolation. Nous abandonnions la valeur de nos prix en faveur des blessés de l'armée française, et nous savons que cette somme a servi à en soulager quelques-uns.

Nos vacances de 1870 ont été ce qu'elles pouvaient être, au milieu des périls de la patrie. Retirés auprès de nos parents, nous nous intéressions toujours à ce qui concernait notre cher séminaire, et nous apprîmes que quatre de nos condisciples avaient pris les armes pour aller repousser les envahisseurs.

L'un d'eux s'était engagé dans l'espoir d'exempter son frère, nécessaire à la famille. Soldat du dévouement, il prit une part brillante aux combats de Châtillon, de la Burgonce, etc., coucha un grand nombre de Prussiens dans la poussière, reçut trois blessures, et finit par revenir au milieu de nous pour remplir, jusqu'à ce jour, envers nos condisciples, les fonctions d'infirmier. C'est ainsi qu'il a remplacé le terrible chassepot par ces armes inoffensives et bienfaisantes que Molière a décrites dans le *Malade imaginaire*.

Un autre, répondant à l'appel énergique de M. Keller, s'était engagé dans les francs tireurs du Haut-Rhin. Sous la conduite du capitaine Lefébure, dont il était devenu l'ami, il

parcourut les montagnes de l'Alsace et contribua pour sa part
à tenir l'ennemi en échec. Il avait mis sa campagne sous la
protection de Notre-Dame du Chêne, si vénérée à Ornans.
« Si je dois succomber dans la lutte, écrivait-il, je recevrai
la mort sans défaillance, plein d'espoir dans la miséricorde
divine, et heureux de verser mon sang pour notre chère et
pauvre France. »

Après un mois de fatigues et de combats, la résistance était
devenue impossible pour les volontaires qui garnissaient la
chaîne des Vosges. Le Haut-Rhin était envahi, Belfort assiégé.
Le 4 novembre, les compagnies de francs tireurs sont réunies
à Saint-Maurice. Bientôt elles se débandent. « J'avais l'âme
triste, écrit notre condisciple, oh ! oui, bien triste, en voyant
les lâches qui abandonnaient leurs armes et retournaient dans
leurs foyers. Notre capitaine, voyant que notre compagnie
était la seule qui séjournât encore dans les Vosges, voulut la
licencier. Tous les Alsaciens, hormis un seul, accédèrent à sa
proposition. Mais les treize Franc-Comtois de la compagnie
déclarèrent qu'ils n'abandonneraient pas leurs armes, et qu'ils
voulaient marcher sur Besançon à travers les lignes ennemies.
M. Lefébure nous dit qu'il nous y rejoindrait, et, avant notre
départ, il nous adressa quelques paroles émues. « Mes chers
» amis, nous dit-il, enveloppés de tous côtés par l'ennemi,
» nous ne pouvons opposer une plus longue résistance. L'Al-
» sace est abandonnée et écrasée. Ceux d'entre vous qui vou-
» dront aller jusqu'à Besançon suivront les Comtois. Ils em-
» porteront notre drapeau avec eux. Vous pouvez le saluer
» une dernière fois encore ; car c'est le dernier qui flotte en
» ce moment dans les montagnes des Vosges. »

Notre condisciple se trouva des premiers au rendez-vous.
Nommé fourrier, il partit pour Orléans, prit part à la rude
campagne de la Loire, assista au terrible combat de Beaune-
la-Rolande, et revint enfin au séminaire d'Ornans à la suite
de l'armée de Bourbaki. Epuisé et malade, il fut soigné ici
comme l'enfant de la maison ; aujourd'hui, il est au grand
séminaire, où il va prendre la soutane dans quelques jours.

Deux autres de nos condisciples avaient suivi la même

carrière en s'engageant dans les francs tireurs du Haut-Rhin. Ils ont fait aussi la campagne d'Alsace et celle de la Loire. Ils nous sont revenus sains et saufs, gardés par la main de Dieu et protégés par l'auguste patronne de leur séminaire. L'un d'eux est encore aujourd'hui parmi nous. Il va entrer en rhétorique pour apprendre à faire de beaux discours, après avoir fait de belles actions.

Cependant nos vacances touchaient à leur terme. M. le supérieur nous informa que nous pouvions rentrer sans péril, le 3 novembre, et que les classes se feraient comme d'habitude.

Pendant les vacances, les cours du séminaire avaient servi de champ de manœuvre à la garde nationale d'Ornans. A notre rentrée, nous trouvâmes notre grande salle d'étude occupée par les mobilisés du Doubs. Mais on put loger tout le monde à l'aise. Soldats et écoliers firent bon ménage sous le même toit. Le dimanche, nos mobilisés se rendaient à la messe militaire, et c'est la fanfare du séminaire qui les y conduisait solennellement. Pendant la semaine, ils faisaient l'exercice dans nos cours ou dans nos corridors, tandis que nous écrivions paisiblement dans les classes ou à l'étude. La plume et le fusil : deux armes terribles manœuvrant dans la même maison. Nos professeurs nous disaient que la plume était encore plus redoutable que le fusil. Nous en doutions. Mais, aujourd'hui, nous sommes obligés d'avouer qu'ils avaient raison en voyant, dans les crimes de la révolution, les funestes conséquences des mauvaises doctrines répandues par des plumes coupables.

Notre communauté était aussi nombreuse que de coutume. Nous avions des condisciples de toute provenance, qui n'avaient pu rentrer dans leurs colléges à cause de l'invasion. Il y en avait de Besançon, de Dole, de Vesoul, de Luxeuil, de Paris même. Tous se mirent à l'œuvre avec ardeur, et, pendant près de trois mois, on a travaillé presque aussi assidûment qu'en temps de paix. Cependant, nos cœurs n'étaient point à la joie. La fête de notre séminaire, que nous célébrions solennellement les autres années le 8 décembre, fut attristée par la nouvelle de la prise d'Orléans. Nous appelions de tous nos vœux un miracle du courage et de la foi qui vînt délivrer la ville de Jeanne d'Arc de ses farouches envahisseurs.

La Franche-Comté était de plus en plus occupée par l'ennemi. Deux de nos professeurs, originaires de la Haute-Saône, n'avaient encore pu franchir les lignes prussiennes, et ce n'est qu'au mois de décembre qu'ils nous sont revenus. Heureusement pour nous, la guerre avait retenu à Ornans, dans une sorte d'exil, deux amis de notre séminaire, un professeur du lycée de Nancy et un ecclésiastique de Paris, qui se dévouèrent à remplacer nos maîtres absents. Le premier nous a particulièrement intéressés en nous racontant, dans un cours supplémentaire, l'histoire authentique et véritable de la Prusse.

Tout alla bien jusqu'au mois de janvier. Les événements militaires nous préoccupaient, sans nous empêcher de faire notre devoir d'écoliers. Nous espérions toujours quelque victoire importante qui viendrait relever l'âme de la France, et, dans cet espoir, sous la direction de notre maître de musique, notre fanfare s'exerçait à préparer des symphonies pour le jour du triomphe. Mais il vint un moment où les têtes commencèrent à s'échauffer. La marche envahissante de l'ennemi, les dangers de la patrie, les désastres dont on nous racontait quelques détails, tout surexcitait notre patriotisme, et quelques-uns d'entre nous osèrent se dire avec plus d'ardeur que d'expérience : « Si j'étais là ! »

Quelques jours après, le 8 janvier, toute la communauté sut que deux élèves, poussés par un patriotisme irréfléchi, avaient quitté le séminaire et s'étaient engagés dans les francs tireurs de Besançon. Leur campagne ne fut pas longue. Elle dura quinze jours, après lesquels ils furent obligés de se replier devant l'ennemi, n'ayant reçu heureusement aucune atteinte. En tout cas, s'ils avaient été blessés, ils n'auraient pu l'être que comme Achille, au talon. Leur campagne s'est terminée par deux mois d'internement en Suisse, après quoi ils sont rentrés dans leurs familles.

Toutefois, le bruit s'était répandu parmi nous que l'un d'eux avait été fusillé par les Prussiens. On le croyait, et M. le supérieur fit pour lui les prières des morts. Mais un jour on vit entrer dans la cour du séminaire une forme humaine qui ressemblait à notre défunt. M. le supérieur s'apprêtait à lui demander des nouvelles de l'autre monde, quand il s'aperçut que le défunt était vivant et très vivant. Il l'était si bien, qu'il est encore aujourd'hui parmi nous et ne démentira pas ce que je viens de raconter.

C'est au commencement de l'année 1871 que nous revîmes ceux de nos condisciples qui s'étaient engagés dans les volontaires du Haut-Rhin. Ils revenaient des bords de la Loire avec l'armée que le général Bourbaki dirigeait sur Belfort. Epuisés par la fatigue et la maladie, ils avaient obtenu, en arrivant à Besançon, la permission de rentrer provisoirement dans leurs foyers. Ils nous racontèrent ce qu'ils savaient des mouvements de cette armée de l'Est, destinée à délivrer Belfort et à écraser Werder, pour pénétrer ensuite en Allemagne. Le 20ᵉ corps, dont ils faisaient partie (1), était parti de Nevers et devait se diriger sur Vesoul en suivant la vallée de l'Ognon. Les soldats ne manquaient ni d'ardeur ni de confiance. Mais les privations, les rigueurs de l'hiver, etc., devaient bientôt détruire ces restes d'une énergie déjà brisée par les fatigues d'une longue route.

Le 12 janvier, nous éprouvâmes une grande joie. On nous annonça que l'armée française avait battu les Prussiens à Villersexel, et qu'elle allait bientôt entrer victorieuse à Belfort. Mais, hélas ! ce fut encore une déception, et huit jours plus tard, les soldats de Bourbaki se repliaient vers Besançon et vers Ornans, pour gagner la Suisse. Nous comprîmes cette fois que nous étions définitivement envahis et qu'il fallait aussi battre en retraite.

Le 25 janvier, à une heure après midi, on nous annonça

(1) L'armée de l'Est, comprenant 120,000 hommes, était composée des 15ᵉ, 18ᵉ, 20ᵉ et 24ᵉ corps. Sa marche vers Belfort, qui devait s'accomplir le plus secrètement possible, fut bientôt connue de nos ennemis.

que nous étions libres de partir. Les bagages furent bientôt prêts, et à quatre heures il ne restait plus que cinq élèves au séminaire. Ce n'était pas trop tôt, car le soir même il arrivait ici pour nous remplacer, soixante malades et quatre cents soldats.

Pour nous, dispersés aux quatre vents du ciel, nous regagnions nos foyers le plus vite possible. Le long de la route nous rencontrions les soldats de Bourbaki, couverts de haillons, épuisés de faim, de froid et de fatigue. Plusieurs d'entre nous se sont trouvés même en face des Prussiens et ont eu besoin de ruse pour passer outre et rentrer dans leurs familles.

Ces longues vacances de plus de trois mois ne nous ont pas été complétement inutiles. Elles nous ont fait entrer de bonne heure dans les pensées graves, qu'on oublie facilement quand on ne les voit que dans les livres, mais qu'on se rappelle toujours quand la leçon est donnée par les événements. Nous avons vu notre armée en déroute; nous avons vu l'étranger s'asseoir au foyer de nos pères, et nous nous sommes dit que la guerre est une horrible folie, et que les grands coupables sont ceux qui attirent de semblables malheurs sur les peuples.

Le 4 mai, nous avons été heureux de rentrer dans notre séminaire, qui avait été, pendant notre absence, le rendez-vous de bien des douleurs. Mais presque tout ce qui pouvait rappeler des pensées tristes avait disparu, et nos salles, nos dortoirs, rajeunis par le pinceau, avaient un air de fête qui nous fit vite oublier les épreuves passées. Ainsi, quand le printemps ramène les tièdes zéphyrs et les ondées fécondes, on voit les champs de bataille se couvrir de verdure et de fleurs, et on oublie que sous ce manteau brillant la nature cache des victimes dont la mort a fait verser bien des larmes.

Aujourd'hui s'achève pour nous cette année scolaire, si agitée, mais si féconde en enseignements que nous tâcherons de ne pas oublier. Malgré tous les obstacles, notre séminaire a reçu successivement, pendant le cours de l'année, cent quarante-huit élèves. Cent dix y sont encore présents aujourd'hui, et nous espérons nous retrouver encore plus nombreux l'année prochaine pour y recevoir,

Monseigneur,
Vos encouragements et votre bénédiction.

II.

DOULEURS ET CONSOLATIONS (1).

Pendant les longues vacances que nous avons eues, notre séminaire était loin de jouir du calme et du loisir que nous goûtions au sein de nos familles. Transformé en ambulance et recevant successivement plus de deux mille soldats malades, il a vu, à la place de nos jeux, les douleurs les plus poignantes ; il a entendu, à la place de nos chants de joie, les plaintes les plus amères ; il a vu la mort avec toutes ses horreurs, mais aussi avec les consolations et les espérances dont l'entoure la religion. Nous n'avons vu, nous, écoliers, qu'une bien faible partie de ces grandes misères. Mais nos maîtres nous en ont cité quelques détails que nous voulons raconter aujourd'hui à Votre Eminence.

Dès le 25 octobre 1870, notre grande salle d'étude était transformée en salle d'hôpital. Les habitants de la ville avaient fourni abondamment de la literie et du linge pour cette œuvre de charité. C'est là que furent installés, pendant les grandes vacances de 1870, dix-huit blessés des combats de Cussey et de Chatillon. La plupart appartenaient aux mobiles des Vosges ; aussi avec quelle inquiétude, avec quelle douleur le plus souvent, ils lisaient le récit de la marche

(1) Cette pièce a été lue à la distribution des prix, par M. Guillemin, élève de rhétorique.

envahissante de l'ennemi dans la Lorraine! A leurs souf-
frances physiques se joignait le regret de savoir que leur
province était occupée par les Prussiens.

Grâce à la sympathie qu'ils trouvaient dans leurs nombreux visiteurs, grâce au concours dévoué de tous ceux qui
soignaient leurs plaies, leur séjour ici eut encore quelques
charmes, et ils purent presque tous, avant la fin de l'année,
regagner le foyer paternel.

La place qu'ils avaient occupée ne resta pas longtemps
vacante. Dès le 23 janvier, les soldats de l'armée de Bourbaki commençaient à arriver à Ornans pour gagner les
montagnes. A peine les élèves du séminaire furent-ils ren-
voyés dans leurs familles qu'une foule de soldats malades
vinrent les remplacer. Le 26 janvier on en comptait déjà
450 couchés dans les salles et les dortoirs. Les jours suivants l'affluence fut encore plus nombreuse. On les installa
le mieux possible au séminaire et dans les autres ambulances de la ville. Dès ce jour, la mort avec toutes ses rigueurs régna pendant deux grands mois au milieu de ces
malheureux débris d'une armée en déroute.

Une de nos premières victimes fut un pauvre enfant du
désert, un turco dont la poitrine avait été traversée par une
balle. Il ne resta que deux jours à l'ambulance, et comme il
ne savait pas un mot de français, il exprimait d'une ma-
nière sensible sa reconnaissance pour les soins dont on
l'environnait, joignant les mains, les portant sur son cœur
et jetant des regards pleins d'expression sur ceux qui l'en-
touraient. On lui parla de Dieu en se servant du mot qui dé-
signe la divinité dans la langue arabe. Sa physionomie
prenait alors une expression si religieuse qu'on put croire
qu'il désirait faire tout ce que Dieu demandait de lui. Il fut
donc baptisé sous condition et mourut quelques instants
après.

Depuis ce jour la mort ne cessa pas un instant de mois-
sonner dans ce triste champ qui lui était ouvert et où elle
a fait 117 victimes. Mais ce qui console au milieu de ces
douleurs, c'est que pas un seul malade n'est mort sans re-

cevoir les secours de la religion. Non-seulement ils les acceptaient quand on les leur proposait, mais ils les sollicitaient souvent de la charité du prêtre. A peine deux ou trois montrèrent une hésitation de quelques instants, qui se terminait par une acceptation résignée des décrets de la Providence. L'un d'eux, un pauvre soldat alsacien, bien malade, désirait se réconcilier avec Dieu. C'était à une heure avancée de la soirée. On lui promit de l'administrer le lendemain matin. Alors, avec l'accent de la foi: « C'est toujours mieux quand c'est fait, » dit-il. C'était comme une illumination du Ciel : il fut, selon son désir, administré le soir même et mourut pendant la nuit.

Dans la grande salle d'étude surtout, où étaient réunis de nombreux malades, on dressa plusieurs fois une table parée d'objets pieux, pour administrer le saint Viatique à quinze ou vingt soldats à la fois.

Ces malheureux jeunes gens, outre les maux physiques qu'ils souffraient, étaient tourmentés par le regret de la patrie absente. Le mal du pays en rongeait beaucoup et en a fait mourir plusieurs. Mais ils retrouvaient quelque image de leurs paroisses dans les cérémonies de la religion ; c'était le Dieu de leur première communion ! c'étaient les mêmes prières qu'ils avaient entendues et récitées dans leurs villages; c'était un prêtre semblable au pasteur vénérable qui leur avait enseigné le catéchisme. A tout cela se mêlait presque toujours le souvenir tout à la fois amer et consolant de leurs chers parents. Combien, à leur dernière heure, n'avaient plus à la bouche que ces deux mots: «Mon Dieu ! » et « Ma pauvre mère ! »

Dès que la chose fut possible, on informa beaucoup de parents de la présence de leurs enfants dans notre ambulance. Alors les uns écrivirent, les autres se mirent en route pour venir voir ces pauvres malades. Il y eut dans ces visites et dans ces lettres de bien tristes coïncidences. Un jour, au commencement de mars, quatre voyageurs arrivent à Ornans à dix heures du soir. Ils venaient de la Gironde, avaient voyagé péniblement pendant huit jours à travers bien des obstacles. Dès le matin ils se font conduire au séminaire et demandent leur parent malade. Hélas! il était mort depuis trois jours. Ce fut une scène déchirante; on les conduisit au cimetière prier et pleurer sur sa fosse. On leur remit le sac militaire du défunt, presque encore intact et contenant des effets tels qu'ils avaient été rangés par la main d'une épouse bien-aimée. Car ce pauvre jeune homme était marié depuis un an.

Quelques semaines plus tard, une scène bien plus émouvante encore se passait au séminaire. L'armée de Belfort avait laissé à son passage un grand nombre de malades dans notre ambulance. L'un d'eux était le fils unique d'un riche commerçant de Charnay (Rhône). Son père, informé de sa maladie, mais ignorant encore où il s'est arrêté, part aussitôt à sa recherche, traverse Genève, visite Pontarlier, l'Isle-sur-le-Doubs, Baume-les-Dames, Besançon, sans retrouver son fils. De retour à Lyon, il reçoit une dépêche d'Ornans qui lui annonce la présence de son fils au séminaire. Il revient en toute hâte et arrive ici à onze heures du matin; son fils était mort un quart d'heure auparavant, et le pauvre père ne put embrasser qu'un cadavre. Il voulut au moins emmener ses dépouilles mortelles, et le lendemain, après l'office funèbre, il partait suivi d'un cercueil. — Une demi-heure après son départ, arrive un jeune homme accompagnant une femme éplorée. C'était la pauvre mère du défunt qui, dans son amour impatient, s'était précipitée à la suite de son mari, afin de retrouver son fils bien-aimé. Pour ne pas la tuer, on fut obligé de lui dissimuler sa mort : « Hâtez-vous de partir, lui dit-on, et vous pourrez le rejoindre sur la route de Lons-le-Saunier. » Elle partit aussitôt, et en arrivant dans sa maison, elle ne trouva plus qu'un cercueil.

Nous avons vu aussi une mère encore, arrivant de Lyon, passer et repasser dans notre ambulance, après avoir couru à la recherche de son fils, soldat de 18 ans, à Pontarlier, Baume, Besançon, sans rien retrouver, pas même un cadavre. Sa douleur était poignante et faisait maudire la guerre bien plus que les plus beaux discours.

Un autre jour, trois femmes arrivent du département du Rhône, avec un petit bagage et des provisions de route. Des soldats de Belfort rentrés au pays leur avaient dit qu'en passant à Ornans, ils y avaient laissé leurs fils malades. Tremblantes d'émotion, elles osaient à peine mettre le pied sur le seuil du séminaire, tant elles redoutaient d'apprendre quelque triste nouvelle. Quand on leur eut dit que leurs enfants vivaient encore et qu'on les eut conduites auprès d'eux, ce fut une explosion de joie. Elles parlaient toutes à la fois dans le patois et la vivacité de leur pays, pleurant et riant toutes ensemble ; car leurs fils étaient perdus, et les voilà retrouvés ; elles les croyaient morts, et les voilà ressuscités.

Une autre mère encore, venue de Lyon, apprend en arrivant que son fils est dévoré par la fièvre, et qu'on n'espère plus rien. Mais en partant elle l'avait recommandé à Notre-Dame de Fourvières, et son cœur maternel lui disait d'espérer. Son fils ne la reconnut pas. Pendant trois jours elle resta à son chevet, et put à peine obtenir de lui quelques signes d'intelligence. Elle partit cependant, pleine d'espoir, et sa confiance ne fut point trompée. Trois semaines plus tard, son fils allait l'embrasser en rentrant dans sa famille.

Un jour, deux pauvres paysans de la Charente arrivent à l'ambulance. Ils étaient en sabots ferrés, dans le costume de leur pays, et avaient fait à pied une partie de cette longue route. C'étaient encore un père et une mère qui cherchaient leur enfant : « Il n'est plus ici, leur dit-on, il est parti en convalescence ce matin même pour retourner dans votre pays. » Alors l'espérance leur redonne des forces, et quoique épuisés de fatigues, ils gagnent Besançon, où ils ont eu le bonheur de retrouver leur fils.

Vers le même temps un montagnard des Vosges arrive avec son cheval et sa voiture. Il ne sait s'il emmènera un mort ou un vivant. Il entre avec hésitation, regarde les soldats convalescents qui se promènent dans les cours, et n'aperçoit aucun visage connu. Son fils était cependant parmi eux ; mais la maladie avait altéré ses traits. On l'appelle ; il vient ; ils se jettent dans les bras l'un de l'autre sans pro-

noncer une parole. A la fin, le pauvre malade éclate en san-
glots : « Ne pleure pas, mon garçon, lui dit le père ; nous
voilà sauvés ! » Et ce disant, il versait lui-même des larmes
abondantes. L'émotion était si vive qu'on fut obligé , pour
les calmer, de les séparer un instant.

Quelques jours après, arrive du fond de l'Alsace envahie
une longue voiture chargée d'un matelas. C'étaient encore
un père et une mère qui venaient chercher leur enfant. Il
était bien malade. Mais s'il devait mourir, ses parents voulaient avoir au moins la consolation de recueillir son dernier
soupir sous le toit domestique. Quand on annonça au pauvre souffrant que son père et sa mère étaient là : « Je suis
guéri ! s'écria-t-il. » Il ne l'était pas cependant ; mais il
retrouva assez de force pour monter lui-même en voiture et
partir sous la garde de l'amour maternel.

Nous pourrions citer une foule de traits semblables. Un
grand nombre de parents, informés que leurs enfants étaient
dans notre ambulance, ne pouvaient venir les visiter. L'éloi-
gnement, la pauvreté, la difficulté des communications,
étaient autant d'obstacles qui s'y opposaient. Alors ils leur
écrivaient des lettres touchantes, dont quelques-unes, hélas !
ne pouvaient plus être entendues de ces malheureux, déjà
couchés dans la tombe.

Tantôt c'était une sœur qui écrivait à son frère bien-aimé :
« Tu le sais, mon cher frère, nous sommes une nombreuse
famille. Mais elle diminue beaucoup. Avec la volonté de
Dieu, vous reviendrez tous au milieu de nous. Pour moi, je
le prie tous les jours à cette intention. Et toi aussi , mon
frère, penses-y tous les jours. » Ce vœu touchant ne pouvait plus être exaucé, le pauvre soldat était mort.

Tantôt c'est un jeune homme qui exprime, au nom de
toute sa famille, sa joie d'avoir enfin reçu une lettre de son
frère malade: « Nous étions fort en peine, dit-il, de savoir
où tu étais. Aussi, quand nous avons reçu ta lettre, des pleurs
de joie coulaient sur tous les visages. » Malheureusement,
par une triste coïncidence, le jour où cette lettre était écrite,
le pauvre soldat expirait à l'ambulance.

Quand on connaissait l'adresse des parents dont les fils venaient de mourir au séminaire, on leur écrivait aussitôt pour les informer du triste événement. Tous se montraient reconnaissants de cette attention et trouvaient quelque consolation dans la pensée que leur enfant était mort en soldat chrétien : « Dieu a commandé le sacrifice, écrit un père désolé ; devant lui nous nous inclinons. Toute notre famille, unie d'une même pensée, vous témoigne mille remerciements des soins et attentions que vous avez prodigués à notre fils, surtout à ses derniers moments. Que votre nom soit béni de Dieu comme nous le bénissons. »

Un excellent jeune homme de Boussais (Deux-Sèvres) avait écrit à son curé pour le prier d'annoncer sa maladie à ses parents. C'est sa mère qui voulut lui répondre elle-même : « Courage, cher fils, lui dit-elle. Nous allons prier le bon Dieu pour qu'il te rende la santé et qu'il te ramène vers ceux qui t'aiment tant. Nous savons que ni ton corps ni ton âme ne seront négligés.... Si nous avons à pleurer ta mort, nous ne la pleurerons pas comme ceux qui n'ont point d'espérance ; nous nous reverrons au ciel. » La pauvre mère pressentait la triste vérité. Son fils était mort résigné et plein de confiance en Dieu dès le 5 février.

Un jeune soldat, rentrant dans sa famille, espérait y retrouver son frère, soldat comme lui. Mais il apprend qu'il vient de mourir au séminaire d'Ornans : « Merci, écrit-il, de nous avoir écrit que mon frère est mort en état de grâce. J'espère que Dieu lui garde une place selon qu'il l'a méritée, et en suivant ses exemples, nous pourrons un jour nous revoir ensemble dans le royaume des cieux. »

Un autre jour, c'est l'ami d'un jeune soldat fort intéressant qui regrette de lui avoir écrit trop tard : « Hélas ! pauvre ami, dit-il, pauvre victime vouée au fléau de la guerre, il n'a pas eu la consolation, avant de mourir, d'entendre lire cette lettre.... Pour vous, Monsieur, vous avez entendu les dernières paroles de mon ami, recueilli son dernier soupir. Il me semble que j'écris à lui-même. Merci, mille fois merci au nom de ses parents infortunés, qui n'avaient que cet enfant, et au nom de Celui qui, par votre saint ministère , vous a appelé à secourir des malheureux. J'ai compris par votre lettre que vous-même vous étiez attaché à ce jeune homme chétif et intelligent. Nous prions Dieu pour qu'il vous récompense de votre zèle et de votre bonté.»

Un grand nombre de lettres renferment l'expression de sentiments semblables. Je veux encore en citer deux qui sont inspirées par l'affection la plus tendre et la résignation la plus soumise. Un jeune soldat des environs d'Alençon avait été recueilli à l'ambulance du séminaire. Il avait deux frères sous les drapeaux. Lui-même, entraîné à la suite de l'armée de l'Est, avait longtemps échappé aux recherches de ses parents inquiets. Enfin sa sœur apprend qu'il est malade dans notre ambulance : « Mon bien-aimé frère, lui écrit-elle, oh ! que ton long silence nous a fait de mal ! Il n'y avait plus de joie sous le toit paternel. Quand ton frère Ferdinand y revenait pour quelques jours, les premiers instants seuls étaient joyeux, car bientôt ta place inoccupée nous rappelait notre peine. Maintenant nous avons l'espérance de voir revenir prochainement nos trois militaires. Ta maladie nous inquiète pourtant. Je t'en prie, mon cher frère, ne nous cache rien ; si tu crains de trop désoler maman, dis-moi tout à moi seule. Je te recommande à Dieu ; sois-lui toujours fidèle et remercie avec nous la sainte Vierge de t'avoir conservé. »

Hélas ! cette lettre arrivait que le frère bien-aimé était mort. Il n'eut pas la consolation de lire les douces paroles de sa sœur, et il fallut annoncer à la mère elle-même cette triste nouvelle. Mais c'était une femme forte, parce qu'elle était chrétienne, et voici un passage de la lettre qu'elle adressa au prêtre qui avait administré son fils : « Monsieur, notre vénérable pasteur m'apporte la lettre qui me dit que mon fils n'est plus. Mon Dieu ! que vous êtes irrité contre nous ! que nous vous avons offensé, pour que vous demandiez de pareils sacrifices ! Ne plus revoir mon enfant ! Je me trompe ! vous me dites, vénérable prêtre, vous qui avez entendu les plaintes de mon pauvre enfant, recueilli ses dernières paroles , vu échapper de sa poitrine son souffle expirant, son dernier soupir, vous me dites que je le reverrai, qu'il est au ciel. Merci, mille fois merci de vos consolations! Oh! je vous assure que si je n'avais pas eu une lettre comme la vôtre, je ne pourrais pas vivre.... Autrefois, quand je faisais quelque remontrance à mon fils, il me répondait toujours : « Merci, ma mère, de vos bons conseils ! soyez tranquille ; je suis toujours le même, et je n'oublie pas mes devoirs de religion. » —Mais depuis quatre mois, je n'ai pu savoir ce qu'il devenait ; je craignais pour lui. Mais je compte sur votre parole, bon père de mon enfant, et j'espère qu'il est heureux avec le secours de nos prières. Dites-moi si, à sa dernière heure, il vous a parlé de sa mère. »

Voilà , Monseigneur, quelques-unes des consolations qui sont venues adoucir les tristes jours de ces deux grands mois d'ambulance. Au milieu des périls continuels de la maladie, de la mort et d'un air infecté par tant de misères, Dieu a gardé tous ceux qui se sont dévoués à cette œuvre charitable. Plusieurs ont été malades ; mais aucun n'a péri, et nous bénissons la Providence, qui nous permet de terminer cette année scolaire par une fête que votre présence vient encore embellir.

III.

ÉPHÉMÉRIDES DU SÉMINAIRE D'ORNANS.

1870-1871.

1870.

11 *août*. On apprend les désastres de Wœrth, de Reischhoffen et la marche envahissante des Prussiens. Les élèves du séminaire sont licenciés immédiatement, les événements ne permettant pas de faire, le 16 août, la distribution solennelle des prix. La valeur en est abandonnée par les élèves en faveur des blessés de l'armée française.

19 août. Un médecin inspecteur, venu de Besançon à Ornans pour visiter les divers établissements propres à former des ambulances, se présente au séminaire avec une lettre de Mgr le cardinal Mathieu. Conformément au désir de Son Eminence, M. le supérieur offre, pour les blessés de l'armée, deux grandes salles du rez-de-chaussée. La ville d'Ornans est inscrite pour une centaine de lits à fournir par l'hôpital, les sœurs de Charité et le séminaire.

Septembre. Un comité de secours pour les blessés a été formé à Ornans. Les membres de ce comité recueillent dans le canton des ressources en argent et en linge destinées au soulagement des soldats malades. Les objets de lingerie sont déposés au séminaire, et un atelier de personnes charitables s'y établit pour raccommoder le linge des malades, préparer des bandes, faire de la charpie, etc.

On organise des lits dans les salles désignées pour l'ambulance. Les habitants de la ville concourent avec empressement à cette œuvre en prêtant tous les objets de literie nécessaires.

Les désastres se multiplient dans le mois de septembre, et l'on apprend successivement la capitulation de Sedan, le blocus de Metz, l'investissement de Paris, la prise de Strasbourg, et la marche de l'armée de Werder dans la direction de la Haute-Saône et du Doubs. Dans la crainte d'une invasion possible, chacun prépare sa cachette pour y renfermer ses objets les plus précieux. Le séminaire a aussi la sienne, où il met en réserve une provision de vivres et de linge.

8 octobre. M. Keller, par un appel énergique, invite les jeunes gens des départements de l'Est à entrer dans les compagnies de volontaires qu'il forme pour défendre la ligne des Vosges. Un élève du séminaire, Ernest Perrin, s'engage sous ses ordres. Trois jours après il entre en campagne ; bientôt il est rejoint par deux de ses condisciples qui s'engagent dans la même compagnie. M. Keller informe le séminaire qu'il est fort content des soldats qu'on lui envoie.

11 *octobre*. Les Prussiens occupent Epinal. Le général Cambriels leur livre combat à la Burgonce. Un élève du séminaire, Adrien Grant, soldat dans un régiment de marche, s'y distingue par sa bravoure et tue plusieurs ennemis.

18 *octobre*. Au milieu de la vie des camps, nos élèves n'oublient pas leurs devoirs de chrétiens. « Je me souviendrai toujours, écrit l'un d'eux, des jours heureux passés au séminaire. Je garde dans mon cœur les sentiments de religion que vous m'avez inspirés. Je vais tous les soirs à l'église faire une prière, et je ne suis pas le seul militaire. »

23 *octobre*. Les Prussiens avaient occupé Vesoul et s'étaient avancés sur Besançon, qu'on croyait menacé d'un siége. Ils sont repoussés par Cambriels au combat de Châtillon. Les blessés de cette bataille sont amenés à Besançon. Les ambulances d'Ornans sont informées qu'elles vont en recevoir un certain nombre. Un professeur du séminaire accompagne, comme aumônier, une ambulance volante, et visite les blessés de Châtillon. « Pauvres chers malades, écrit-il, ils souffrent tant et sont si reconnaissants d'une bonne parole, d'un témoignage d'affection. Je les embrasse pour leur mère, et ils ne savent comment me remercier. »

25 *octobre*. Un convoi de quatorze voitures fournies par les habitants d'Ornans, et accompagné de MM. le docteur Colard et Jeannier, pharmacien, se rend à Besançon et en ramène trente-sept blessés qui sont répartis dans les trois ambulances de la ville. Le séminaire en reçoit seize avec deux infirmiers militaires. Ils sont installés dans la grande salle d'étude. Après un mois de traitement, la plupart sont envoyés en congé de convalescence. Un seul, sur les 37, est mort le 8 novembre et a été enterré avec les honneurs militaires, que lui a rendus la garde nationale d'Ornans.

26 *octobre*. Un ancien élève du séminaire, apprenant que cet établissement sert d'ambulance, s'empresse d'offrir ses services pour soigner les malades. « Je ne désire rien tant, écrit-il, que de pouvoir payer un peu de ma personne, au milieu de tous ces malheurs de notre pauvre France.... Si vous vouliez m'accepter, je serais heureux de travailler au soulagement de mes frères blessés sur les champs de bataille. » Le service étant alors suffisamment organisé, celui qui faisait cette offre généreuse ne put venir que plus tard, au mois de janvier, quand l'ambulance comptait cinq cents malades, et il déploya le plus grand dévouement pour nos malheureux soldats.

Les vacances du séminaire touchent à leur terme. M. le supérieur informe les parents que la rentrée se fera régulièrement le 3 novembre. Plusieurs professeurs habitent des communes menacées par l'invasion. « On s'attend, écrit l'un d'eux, à voir l'ennemi d'un instant à l'autre.... Nos villages sont remplis de mobiles, et la vue de leur discipline et de leur armement n'a pas contribué à augmenter la confiance ; humainement parlant, nous sommes perdus. Dans de pareilles circonstances notre rentrée me paraît bien compromise. » — Les parents des élèves ne semblent guère plus rassurés. Plusieurs ont déjà entendu le canon ennemi. Une vingtaine annoncent qu'ils gardent leurs enfants provisoirement chez eux, quelques-uns même les envoient en Suisse pour plus de sûreté. Mais la plupart écrivent que leurs fils rentreront au séminaire, Ornans leur paraissant à l'abri de l'invasion. Un père écrit même : « Au lieu d'un de mes fils, je vous en envoie trois : à la garde de Dieu ! »

3 novembre. Rentrée des classes au séminaire. Nous recevons une trentaine de nouveaux élèves, dont plusieurs n'ont pu retourner dans leurs colléges à cause de l'invasion. Nous en comptons en tout 125. Il nous manque deux professeurs qui n'ont pu franchir les lignes prussiennes qui occupent la Haute-Saône. Ils sont provisoirement remplacés par M. Léonce Pingaud, du lycée de Nancy, M. l'abbé Guillon, du diocèse de Paris, puis par M. l'abbé Perrot, du collége catholique.

20 novembre. Les mobilisés du Doubs sont envoyés en cantonnement à Ornans. Une trentaine sont logés au séminaire. Ils y séjournent environ deux mois, et sont rappelés à Besançon le 8 janvier pour défendre la place en cas de siége.

8 *décembre*. L'Immaculée Conception de la sainte Vierge, fête patronale du séminaire. Les réjouissances habituelles de ce jour sont supprimées ; mais la fête est célébrée religieusement à la chapelle, et toute la communauté s'unit pour invoquer la protection de la patronne de la France.

23 *décembre*. Deux élèves du séminaire de Luxeuil, ne pouvant rentrer dans leur établissement occupé par les Prussiens, viennent continuer leurs études à Ornans. Nos deux professeurs absents peuvent enfin franchir les lignes prussiennes et revenir au milieu de nous. Ils sont accueillis avec joie par leurs confrères et leurs élèves.

26 *décembre*. L'établissement des sœurs de Niederbronn, envahi par l'ennemi dès le commencement de la guerre, n'a pu envoyer une religieuse pour continuer au séminaire, comme par le passé, le service de l'infirmerie. Ce service est fait dès lors par les sœurs de la Sainte-Famille de Besançon, qui veulent bien s'en charger.

27 *décembre*. La Saint-Jean, fête patronale de M. le supérieur. La solennité se borne à ces quelques paroles affectueuses adressées par les élèves à M. le supérieur : « Sous ce toit protecteur où vous avez pu nous recevoir, grâce à votre prudence, nous sommes à l'abri de la tempête qui désole aujourd'hui notre infortunée patrie.... Bien des fois, cependant, les malheurs de la France sont venus répandre la tristesse dans nos cœurs, que vous avez formés à être bons.... Mais, dans ce jour de fête, nous donnons pour un instant une libre effusion à notre joie.... Elevant nos cœurs vers le ciel, nous nous adressons à votre glorieux patron, aimable apôtre de la paix et de la charité, et nous lui demandons qu'il veille sur cette famille dont vous êtes le père par le dévouement et par le cœur, et qu'il lui assure, à l'ombre de votre sollicitude, des jours de calme et de bonheur. »

1871.

5 *janvier*. On est vivement ému des événements du siége de Belfort, de l'envahissement de la Haute-Saône, de l'approche des Prussiens vers Besançon. Un élève du séminaire disparaît en laissant un billet pour prévenir M. le supérieur qu'il va s'engager dans l'armée. « Consolez mes parents, dit-il, en leur écrivant. J'irai me confesser avant de partir de Besançon, et après je serai tranquille.» — Les têtes se montent. Quelques jours plus tard, un autre élève s'échappe encore pour s'engager aussi dans une compagnie de francs tireurs.

15 janvier. Les événements deviennent de plus en plus émouvants pour la Franche-Comté. Deux élèves s'échappent encore du séminaire pour rentrer dans leurs familles. Les études commencent à être sérieusement troublées par les préoccupations de la guerre.

21 janvier. M. l'intendant militaire écrit à Ornans pour demander à l'administration de faire préparer le plus de lits possible dans les ambulances. On réorganise celle du séminaire.

23 janvier. Arrivée à Ornans des mobilisés de la Drôme, de l'Hérault et de Vaucluse. Quelques officiers et une cinquantaine de soldats sont logés au séminaire. A dix heures du soir arrivent encore deux mobilisés de la Drôme, malades et épuisés. On leur donne une chambre où ils couchent dans le même lit. Le lendemain, en se réveillant, l'un d'eux s'aperçoit que son compagnon est mort auprès de lui. Cet événement cause un grand émoi dans la communauté.

23 janvier. On annonce que l'armée de l'Est bat en retraite, n'ayant pu entrer à Belfort, et que la plus grande partie de cette armée se met en marche dans la direction d'Ornans pour gagner les montagnes. Les troupes arrivent en grand nombre dans la journée. On reçoit au séminaire quelques malades et une centaine de soldats.

24 janvier. Des soldats de toutes armes arrivent confusément. Une compagnie tout entière, avec son capitaine, occupe les salles du séminaire restées libres. D'autres s'installent dans les cours et y font toute la nuit des feux de bivac. L'ambulance compte déjà une vingtaine de malades.

25 janvier. L'armée de l'Est arrive en masse à Ornans. Ce

sont des soldats du 15e, du 18e, du 20e et du 24e corps.
Une partie prend la route de Mouthier, une autre prend la
route de Chantrans. Impossible de garder plus longtemps
les élèves du séminaire. A une heure, M. le supérieur les
réunit dans la salle d'étude, et leur annonce qu'ils peuvent
partir immédiatement pour rentrer dans leur pays. A quatre
heures, tous, sauf cinq, étaient partis, et tous sont arrivés
heureusement dans leurs familles. Le soir, quatre cents
soldats et soixante malades occupaient la place des sé-
minaristes.

26 *janvier*. M. le supérieur reçoit une lettre de Son Eminence Mgr le cardinal Mathieu, qui l'autorise à livrer la tota-
lité du séminaire pour les besoins de l'ambulance. Toute la
literie prêtée par les habitants ou appartenant à l'établissement et aux élèves est disposée dans dix-sept salles ou dortoirs pour recevoir les malades. Nous assistons encore dans
la journée au triste défilé de l'armée de l'Est. Ses malades
nous arrivent en foule dans la soirée. Ils ont faim, ils ont
froid, ils ont la fièvre. On les nourrit, on les réchauffe, on
les couche. La plupart n'ont pas de billet d'hôpital. Mais
l'état dans lequel ils se trouvent leur en tient lieu. Impossible d'inscrire leurs noms. Seulement, quand ils sont couchés,
on en compte 439 dans les salles. La municipalité envoie au
séminaire des veilleurs pour aider à faire le service de nuit.

L'armée en retraite défile toujours. Des officiers sont informés qu'il y a au séminaire une carte de l'état-major. Ils
viennent en grand nombre la consulter et reconnaître les
chemins qui conduisent en Suisse.

27 *janvier*. Dès le matin, M. le docteur Boulet fait une
visite dans toutes les salles pour prescrire les remèdes les
plus urgents, et désigner les convalescents qui peuvent partir. Un certain nombre sont évacués sur Vuillafans, Lods,
Mouthier, Saint-Hippolyte et Pontarlier. Leur place est bientôt occupée par de nouveaux arrivants. Le soir, il y en a
520 couchés au séminaire. Un soldat de la légion étrangère,
le nommé Henri Cosnard, mérite d'être signalé pour les services qu'il a rendus à l'ambulance dès les premiers jours

jusqu'au 14 février. Il visitait toutes les salles, distribuait les vivres et les remèdes, se chargeait des besognes les plus répugnantes, et tout cela avec une bonne volonté qui ne se démentait jamais. Trois élèves restés au séminaire jusqu'à la fin de janvier ont mis également le plus grand zèle à seconder les professeurs, les religieuses, les domestiques et les infirmiers de la maison dans leur pénible mission.

28 *janvier*. Le nombre des malades augmente encore dans les ambulances. Le zèle des deux médecins de la ville ne peut suffire à tous les besoins, et ceux de l'armée ne font que constater les maladies et délivrer des billets d'ambulance. Heureusement, l'ambulance internationale de Mulhouse, appartenant au 20ᵉ corps, arrive à Ornans avec ses fourgons, et consent à y rester pour soigner nos malheureux soldats. Le médecin en chef, M. le docteur Ehrmann, s'installe au séminaire avec son personnel, qui comprend deux médecins aides-majors, quatre médecins sous-aides, un administrateur comptable, quatre aides-infirmiers, quatre infirmiers servants et une quinzaine d'infirmiers militaires. Le service est organisé régulièrement ; les malades sont classés par genre de maladie ; les visites et les pansements se font deux fois par jour ; les entrées, les sorties et les décès sont inscrits, et l'établissement peut pourvoir à toutes les dépenses nécessaires.

Tous les soldats de l'ambulance sont désarmés régulièrement, et leurs armes sont envoyées à Besançon avant l'arrivée des Prussiens, dont on annonce l'approche.

29 *janvier*. La 1ʳᵉ division du 15ᵉ corps envoie successivement d'Epeugney, sur de grandes voitures couvertes, quatre convois de soldats malades, en tout 178 hommes, qui sont reçus à l'ambulance du séminaire. On distingue parmi eux un grand nombre de turcos, presque tous de belle taille, à la physionomie douce et fière, et supportant la douleur comme une fatalité inévitable. *C'était écrit.*

D'autres malades, la plupart à pied et dans un délabrement lamentable, arrivent par les routes de Besançon et de Baume. Le séminaire ne peut les recevoir tous. La municipalité fait préparer pour eux les salles d'école des frères et des sœurs, qui se chargent de les soigner. Le séminaire fournira provisoirement à leur dépense.

Du 23 au 29 janvier, il a été déjà reçu à notre ambulance plus de 1,200 malades. Les plus valides sont évacués dans la direction de Pontarlier. Chaque soldat reçoit en partant cinquante centimes, ainsi que le linge et les vêtements les plus indispensables. Une provision de souliers militaires, procurés à l'ambulance par les soins de M. Eugène Cuisenier, permet de donner des chaussures à tous ceux qui en manquent.

Dans la journée du dimanche 29 janvier on annonce l'arrivée des Prussiens par la route de Chantrans. Onze uhlans sont en effet à l'entrée de la ville, et demandent *le pastour* dans l'intention de s'en faire précéder. Un d'eux descend hardiment au galop jusqu'à l'entrée du pont de la ville en face du séminaire. Des francs tireurs avertis arrivent par l'autre extrémité du pont. Leur capitaine vise le cavalier ennemi. La balle siffle à ses oreilles et va frapper au-dessus de la porte de la chapelle du séminaire, où elle est encore marquée. Le uhlan remonte précipitamment la rue Saint-Laurent et gagne, avec ses compagnons, la Combe de *la Vaux* où ils s'égarent et passent, dit-on, toute la nuit.

30 *janvier*. Plusieurs officiers malades sont soignés dans des chambres particulières. Les désastres de l'armée, l'approche des Prussiens, la crainte d'être faits prisonniers, les démoralisent. L'un d'eux prend des habits bourgeois et gagne comme il peut la frontière suisse.

De nouveaux malades arrivent encore toute la journée. Dans leur visite du matin les médecins de l'ambulance constatent que deux de nos pauvres soldats sont devenus fous. Les malheurs de la campagne ont altéré leur raison ; on les expédie comme on peut sur Besançon.

31 *janvier*. Le nombre des décès des ambulances, depuis le 23 janvier, n'est que de six. Mais dans le seul mois de février, il s'élèvera à soixante-dix-sept. Les morts sont transportés à la chapelle de l'hôpital, et tous sont enterrés honorablement dans un cercueil et dans une fosse particulière.

Six professeurs du séminaire sont restés dans l'établissement pour y faire les fonctions d'aumôniers et d'infirmiers. Les autres sont rentrés dans leur pays, où ils rendent les services que les circonstances exigent. Deux ont été faits prisonniers par les Prussiens et retenus pendant quelques heures. Un troisième soigne les malades dans l'ambulance de sa commune. Un autre, ayant quelque connaissance de la langue allemande, se rend très utile en servant d'interprète entre les Allemands et les habitants du village envahi....

1er *février*. Arrivée de quarante-quatre nouveaux malades au séminaire. Nous en envoyons un certain nombre dans les villages voisins, où sont établies des ambulances.

2 *février*. La ville d'Ornans est envahie par les Prussiens au nombre d'environ deux mille. Le séminaire, comme les autres ambulances, étant occupé par les malades et protégé par le drapeau de la convention de Genève, est interdit aux Allemands. Mais, dans leur marche, ils ont rencontré cent quarante traînards, fatigués ou malades. Ils les ont ramenés à Ornans et conduits à l'ambulance du séminaire, où on les recueille. — Le soir on apprend qu'un armistice conclu avec les Prussiens ne s'applique pas à la région de l'Est, et qu'ainsi la guerre continue dans le département du Doubs.

9 *février*. L'ambulance est encombrée. Il y est mort en moyenne quatre hommes par jour. Les autorités prussiennes qui occupent la ville ne permettent pas qu'on évacue les convalescents ; toutes les issues de la ville sont gardées. Cependant M. le docteur Ehrmann représente au colonel prussien le danger d'un tel encombrement et finit par obtenir un laissez-passer pour nos soldats. Grâce à cette autorisation, on peut en évacuer plus de deux cents dans la direction de Salins.

15 *février*. Les Prussiens ont quitté la ville, où ils ne laissent qu'un détachement. La circulation redevenant libre, de nouveaux malades, au nombre de cent quarante, arrivent au séminaire le 14 par la route de Besançon. Le 14 et le lendemain 15, on en fait partir cent quatre-vingt-dix des plus valides. De nouveaux départs ont lieu les jours suivants.

18 *février*. MM. les médecins de l'ambulance mulhou-
sienne nous quittent, après un séjour de trois semaines, pendant lesquelles ils ont rendu les plus grands services. A leur
départ, il ne reste plus au séminaire que cent quarante-sept
malades. Il passent par Pontarlier pour regagner Mulhouse
par la Suisse. Quelques jours après, la municipalité d'Ornans adresse à M. le docteur Ehrmann une lettre de remer-
ciement en ces termes : « En prenant, le 28 janvier, la direction de l'ambulance établie dans les bâtiments du séminaire d'Ornans, vous avez rendu à notre ville un service
qu'elle n'oubliera pas, et dont nous venons vous remercier
au nom de tous nos concitoyens. Dans sa retraite vers les
montagnes du Doubs, l'armée de l'Est laissait au milieu de
nous des multitudes de soldats malades. Dès le 26 janvier
notre ambulance en comptait plus de cinq cents, et chaque
jour en amenait de nouveaux. Le zèle de nos médecins eût
été impuissant devant tant de misères ; heureusement la Providence vous a amené dans notre ville. Vous avez accepté,
ainsi que tous les membres de votre société bienfaisante,
la lourde tâche de soigner les malades, et cette mission,
vous l'avez remplie avec un dévouement et une intelligence
qu'ont admirés ceux qui ont été les témoins de votre service. Votre première récompense est sans doute dans le sen-
timent du devoir noblement accompli. Mais nous tenons
aussi à vous remercier au nom d'une ville qui peut se croire
préservée, par votre prudente activité, des malheurs que
pouvait y amener l'encombrement des malades. »

Le service médical du séminaire est remis désormais
tout entier à MM. le docteur Boulet et P. Muselier, qui
l'ont continué avec le plus grand zèle jusqu'à la fin de l'ambulance.

24 *février*. Belfort avait capitulé le 15 février. La garnison
sort de la ville avec les honneurs de la guerre. Six mille
hommes de cette armée passent à Ornans. Les convois de
malades et de blessés les suivent bientôt, et un assez grand
nombre d'entre eux restent dans les ambulances de la ville.
Le personnel des malades du séminaire augmente ainsi sen-

siblement, et au commencement de mars il s'élève à deux cents environ.

1er *mars*. Dans les jours les plus difficiles, nous avons quelquefois manqué de ressources pour procurer à tous les soldats les vêtements confortables dont ils avaient besoin. Mais au commencement de mars ces ressources arrivent abondamment, et les derniers demeurants de l'ambulance en profiteront. M. le baron de Vaufreland, délégué du comité de secours de Paris, visite les ambulances d'Ornans, encourage par les paroles les plus affectueuses nos pauvres malades, leur distribue du tabac et laisse des secours pour leur procurer toutes les douceurs désirables et utiles. De plus, quelques jours après, il leur envoie, par l'intermédiaire du comité de Neuchatel, des chemises, flanelles, chaussettes, souliers, pantalons, etc., qui ont été d'une grande utilité.

Un secours de même nature est encore envoyé, quelques jours plus tard, aux ambulances de la vallée de la Loue, par l'intermédiaire du comité de Besançon, au nom de la société anglaise. Ces provisions abondantes de linge, tricots, flanelles, caleçons, couvertures, etc., etc., sont réparties entre les ambulances, distribuées aux malades, et il est rendu compte de cette distribution au comité de Besançon.

Un autre secours en argent est encore reçu de la société anglaise, par l'intermédiaire de M. l'avocat Michaud, de Pontarlier. Il est destiné à être distribué, comme argent de route, aux soldats partants. Aussi, dès ce jour, les convalescents, à leur départ, au lieu de 50 centimes, reçoivent chacun cinq francs pour voiture et premières dépenses de voyage.

6 *mars*. Par ordre du général commandant la place de Besançon, tous les soldats de l'ambulance doivent être désarmés s'ils ne le sont déjà. En conséquence, leurs armes et munitions sont recueillies dans une salle et envoyées à Besançon. On remarque que les soldats venus de Belfort ont peu de chassepots, mais surtout des fusils Snider et des fusils à tabatière.

Un autre ordre du général commandant défend d'évacuer les convalescents par Besançon. Tous les convois de départ doivent être dirigés par la route de Salins, sur Bourg, Lyon, etc. — Le nombre des malades diminue chaque jour à l'ambulance. — Le désir de revoir *le pays* semble hâter la convalescence de plusieurs, tandis que quelques-uns meurent de nostalgie. Toutefois, le nombre des morts ne s'élève qu'à vingt-quatre dans le mois de mars pour toutes les ambulances de la ville.

29 mars. M. le docteur Ehrmann envoie son rapport détaillé sur le service qu'il a fait au séminaire du 28 janvier au 18 février. C'est un grand travail de soixante-deux pages in-folio, dont voici le résumé :

PERSONNEL MÉDICAL DE L'AMBULANCE INTERNATIONALE DE MULHOUSE.

MM. Ehrmann, chirurgien de l'hôpital de Mulhouse, membre correspondant de la société de chirurgie de Paris, médecin en chef.
Wolff, — Salathé, — médecins aides-majors.
Munsch, — Læderich, — Papin, — Mansbendef, — médecins sous-aides.
Juillard, — Bulzbach, — Spœrry, — Trapp, — aides-infirmiers volontaires.
Geisen, — administrateur comptable.
Bolard, — Hartmann, — Lidolf, — Meyer, — infirmiers servants.

Nombre de malades présents le jour de l'installation de l'ambulance au séminaire, 363
Entrants du 29 janvier au 18 février, 742

Total, 1,105

Décès, 51
Evacuations, 907
Malades présents au départ, 18 février, 147

Total, 1,105

RÉCAPITULATION GÉNÉRALE DES MALADIES (18 février).

	Malades.	Morts.
Pneumonie,	33	16
Pleurésie,	3	»
Péricardite,	1	1
Affection organique du cœur,	2	»
Mort subite,	1	1
Palpitations de cœur,	3	»
Bronchite capillaire, à forme typhoïde,	3	3
Fièvre typhoïde,	64	25
Fièvre gastrique,	19	»
Dyssenterie,	15	3
Diarrhée, — entérite,	206	»
Rhumatisme articulaire,	3	»
Erésipèle,	6	»
Variole [1],	21	»
Embarras gastriques,	85	»
Bronchite simple,	151	»
Rhumatisme musculaire,	21	»
Affections chirurgicales, blessures, etc.,	18	»
Pieds gelés,	370	»
Maladies diverses,	80	2
Total,	1,105	51

1er *avril*. Il n'y a plus que dix soldats malades à l'ambulance du séminaire. Ils sont transportés à l'hôpital civil, où l'on réunit tous ceux qui restent encore dans les autres ambulances, en tout vingt-quatre malades.

L'ambulance du séminaire est fermée. La maison, infectée par une installation de plus de deux mois, est aussitôt mise en réparation, afin de pouvoir sans danger être ouverte aux élèves à la rentrée des classes.

Notre ambulance a achevé son œuvre; elle a reçu et soi-

[1] Tous les varioleux, au début de la maladie, ont été évacués dans une salle spéciale, à l'hôpital d'Ornans, afin d'éviter la contagion. Plusieurs y sont morts.

gné plus de deux mille malades, appartenant aux 15e, 18e, 20e et 24e corps d'armée et ainsi classés :

Armée régulière,	1,322
Mobiles et mobilisés,	400
Marine,	54
Francs tireurs,	20
Non classés, environ	300
Total,	2,096

Du 24 janvier au 1er avril nous avons eu cent dix-sept décès, dont quatre-vingt-trois au séminaire et le reste dans les autres ambulances de la ville. Ainsi la mortalité, dans ces tristes jours, ne s'est pas élevée à six pour cent.

4 mai. Les réparations sont achevées au séminaire. La rentrée se fait dans des conditions favorables. Cent dix élèves sont présents, heureux de se retrouver après de si grands événements. Toutefois, les épreuves ne sont pas finies. Plusieurs professeurs, épuisés par les fatigues de l'ambulance, font de graves maladies qui mettent leur vie en danger, et doivent être remplacés par des suppléants. Les domestiques de la maison ont aussi tous payé leur tribut, et l'une d'elles est dangereusement malade pendant trois mois. Plusieurs élèves sont atteints; un seul a une maladie inquiétante ; mais la Providence a veillé sur tous. A la fin du semestre, toutes les maladies ont disparu, et M. le supérieur peut dire avec satisfaction de tous les membres de la communauté : *Nemo ex eis periit.*

19 août. La distribution solennelle des prix se fait avec la solennité ordinaire, sous la présidence de Son Eminence Mgr le cardinal archevêque de Besançon et en présence d'une assistance nombreuse. Ainsi se termine cette terrible année scolaire, où les élèves n'ont eu que sept mois d'études bien troublées. Les événements qui se sont passés ont le caractère d'un châtiment. Acceptons-les comme une leçon, en nous rappelant cette parole des livres saints : *Justitia elevat gentem: miseros autem facit populos peccatum. (Prov.,* XIV, 34.)

ÉPILOGUE.

Nous avons raconté ce qui s'est passé à l'ambulance du séminaire, parce que nous en avons été témoin. Mais les autres ambulances de la ville pourraient avoir aussi leur chronique pleine de faits intéressants ; car elles ont accompli la même œuvre et soulagé les mêmes misères. Ces ambulances étaient établies à l'hôpital civil, au monastère de la Visitation, chez les sœurs du Divin Rédempteur, chez les frères des Ecoles chrétiennes et dans les salles des sœurs de la Sainte-Famille. Nos pauvres soldats y ont trouvé partout les soins affectueux que réclamait leur triste état, et les lettres que plusieurs d'entre eux ont adressées et adressent encore à ces divers établissements sont un témoignage du dévouement qu'ils y ont rencontré, et de la reconnaissance qu'ils en gardent.

BESANÇON, IMPRIMERIE DE J. JACQUIN.

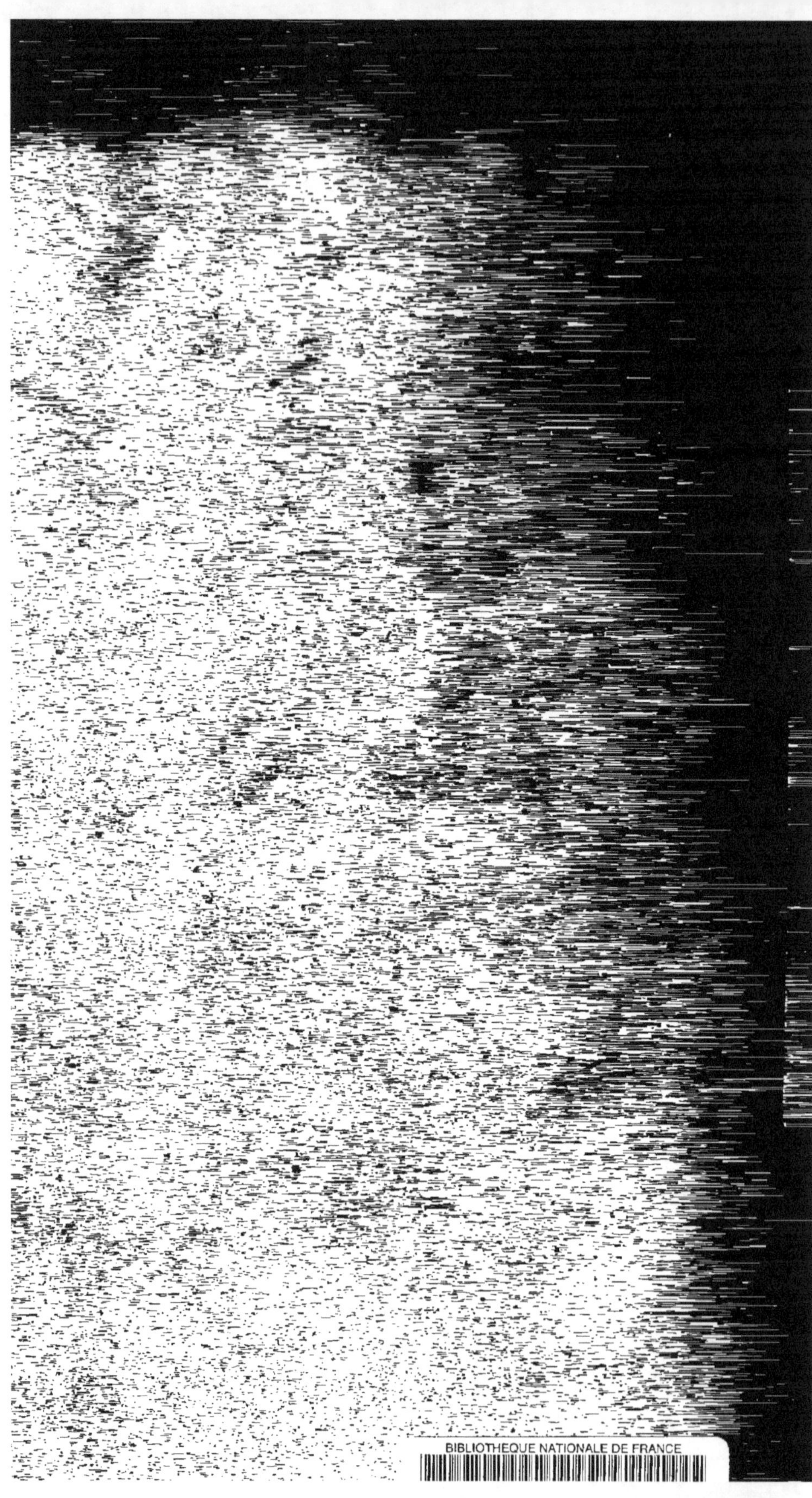

www.ingramcontent.com/pod-product-compliance
Lightning Source LLC
Chambersburg PA
CBHW061119050726
47594CB00005B/2010